INTERMITÊNCIAS

CB041297

ISA DE OLIVEIRA

INTERMITÊNCIAS

Intermitências © Crivo Editorial, 08/2019
Intermitências © Isa de Oliveira, 08/2019

Edição: Haley Caldas e Lucas Maroca de Castro
Capa, ilustrações, projeto gráfico e diagramação: Haley Caldas
Revisão: Amanda Bruno e Isa de Oliveira

Dados Internacionais de Catalogação na Publicação (CIP) de acordo com ISBD
•••
O48i Oliveira, Isa de

    Intermitências / Isa de Oliveira. - Belo Horizonte: Crivo Editorial, 08/2019.
    74 p. ; 14cm x 21cm.

    Inclui índice.
    ISBN: 9786550430030

    1. Literatura brasileira. 2. Poesia. I. Título.

                CDD 869.1
2019 - 1635   CDU 821.134.3(81)-1
•••
Elaborado por Vagner Rodolfo da Silva - CRB - 8/9410

Índice para catálogo sistemático:
1.Literatura brasileira : Poesia 869.1
2.Literatura brasileira : Poesia 821.134.3(81)-1

Obra composta em tipografias das famílias Europa e Kepler, sobre o Cartão Supremo para a capa; e o Pólen, para o miolo. Foi impresso em Belo Horizonte no mês de agosto de 2019 para a Crivo Editorial.

Crivo Editorial
Rua Fernandes Tourinho, 602, sala 502
30.112-000 - Funcionários - Belo Horizonte - MG

www.crivoeditorial.com.br
contato@crivoeditorial.com.br
facebook.com/crivoeditorial
instagram.com/crivoeditorial

Sumário

7. Prefácio
9. Agradecimentos
11. Dedicatória

13... Intermitências da vida

15. Volúpias
17. Das coisas que carrego e não levo...
18. Último gole
19. Sentinelo
21. Idigente
23. Desanuviando alegrias
25. Ser professor
27. Da voz que ouço quando não enxergo

29... Intermitências cotidianas

31. (Des) caminhos
33. A cidade do(eu)
35. Vertigem
36. C-alma
37. Sexo social - POEMAX
38. Infância mendiga
40. O Homem e o corvo

43... Intermitências metapoéticas

45. Alguém me disse...
48. Poema de sete cabeças
49. Poema sem pele
52. Chora Poeta
54. Fotografia
55. Sociedade dos Poetas Mortos
57. O livro nosso de cada dia
58. Amor definido
59. Verboesia

63... Intermitências da morte

65. A morte sem corpo
66. Poestasia
67. Silente
68. Geoprotestamento
70. Cenário suburbano
71. A dança e o verso

73. A autora - metabiografia

Prefácio

Intermitências urbanas da Poet'Isa

Ana Elisa Ribeiro
Escritora, professora do CEFET-MG

"Poetas do mundo inteiro, declamai-vos!" O brado não poderia retumbar mais. É assim que Isa Poet'Isa – com a poesia no nome de guerra – conclama a todos e todas para a declamação geral. E ela não fica na teoria. Isa é poeta de performar, de declamar, de recitar, de dizer poesia em praça pública, para muito além dos afazeres da poeta em sua torre, situada nas fímbrias de uma Belo Horizonte que ecoa, vista de fora, mas também vista por quem passeia, erra, flana, andarilha, quase ocupa. Diz Isa, nestas Intermitências: "Escrevo sobre trilhos/ Em busca de algum sentido". Ela busca, mas não diz se encontra. Achar os sentidos não é bom negócio para o/a poeta. A graça está na busca, nas tentativas que se realizam em dez, cem, mil poemas, que vão desaguar – ou desabrochar? – em livros intermitentes, como este. Noutro poema, a autora fofoca: "Alguém me disse.../ que ela trocou de roupa/ e performatiza", coisa que Isa faz, mesmo por escrito, em seu verso mais aparentemente simples. Ela grita. Não se trata então de uma poesia para ser lida apenas em silêncio. Tem voz, tem vibração, tem volume – aumente! Nesta poesia de Isa, há algo que vai do murmúrio à gritaria. A poesia é ela mesma, como a poeta confessa – ou confirma – em algum poema, e assim conclama, de novo – porque ela faz isso, no imperativo, muitas vezes, configurando um modo de enunciar claramente dialogal: "Grite/ até o espírito/ Exasperar/ E nada/ nos restar/ senão/ beijos". Ou poemas, que sempre estão por aí, conforme está em algum dos versos. Para completar o chamamento à poetização exasperada, inquieta e inquietante, este Intermitências (da morte, do cotidiano, da vida e da própria poesia) traz até mesmo uma oração: "O livro nosso de cada dia", à página 67. Bom para deixar aberto ali, em casa, onde poderia estar uma Bíblia ou equivalente. São as sagradas escrituras da poeta, que experimenta vida e morte, centro e periferia, sem medo e sem desperdício. Lá pelas tantas, a voz lírica inquire: "Ah, quem sou eu naquela vala?". Qual delas? A vala comum dos poetas quaisquer? Dos que esperam ser publicados e lidos? Isa conclama e provoca: Declamai-vos! Não era para custar nada, mas custa. Leitores de poesia, vinde à poeta.

Agradecimentos

Já dizia Fernando Pessoa:
"Valeu a pena? Tudo vale a pena
Se a alma não é pequena.
Quem quer passar além do Bojador
Tem que passar além da dor.
Deus ao mar o perigo e o abismo deu,
Mas nele é que espelhou o céu."

E assim segui a vida acreditando que tudo é possível, que tudo vale a pena! Aprendi que com fé se alcança além-mar, além-céu e o infinito. Resta-me agradecer às pessoas que sempre acreditaram nessa semente de fé que eu regava dia a dia até concretizar não só este, mas vários sonhos: meu pai, minha fonte inesgotável de amor, minha mãe pela coragem de encarar o mundo ao seu redor, minha tia Lia pelos conselhos e apoio, meus tios e tias maternos e paternos, meu esposo escritor Humberto de Abreu e meu filho Ian Ramos, meus companheiros inseparáveis; meus familiares, amigos e amigas de jornadas e colegas de trabalho, cada um à sua maneira e com sua proximidade, contribuíram para que essa pequena alma crescesse à medida que fosse contemplada.

Agradeço à editora Crivo, na pessoa do meu editor, Lucas Maroca, um profissional que acreditou não só no meu trabalho literário, mas que teve a sensibilidade de enxergar que o que faço pela literatura é a minha essência: os livros são a razão pela qual ainda sobrevivemos nesse mundo insano, cru e rude.

Agradeço à Ana Elisa Ribeiro, incansável incentivadora de publicações literárias no mundo editorial, uma fonte de inspiração para mim.

Agradeço aos profissionais das Artes e da Educação, professores e professoras que, ao longo da minha vida estudantil, sempre me incentivaram a trilhar o caminho da literatura e da arte. E eis que cheguei e aqui estou, na forma deste livro de poesia!

Muito obrigada por me concederem esta imortalidade!
A poesia e a lembrança de Isa de Oliveira, Poet'Isa.

Dedicatória

"Rosa Branca se soubesse o valor que a Roxa tem
banhaste em sol e sereno para
ser Roxa também..." (Cantiga de valsa-fala-verso)
à Neuza Moreira Marques e Maria da Costa Dias
(*in memorian*)

Já dizia Manuba...

"A poesia está guardada nas palavras – é tudo que eu sei.
Meu fado é o de não saber quase tudo.
Sobre o nada eu tenho profundidades.
[...]"
Poema, Manoel de Barros

Intermitências da vida

A vida é um copo vazio.

Volúpias

Quando vieres
não perguntes nada
apenas repare
    nos meus ossos

    Note
a pele que acoberta
    o oceano

Que venhas
  não, não!
Não me detenha
em prisões oníricas
Verdades irreais
    sangre
as paredes abissais da alma
e me atenha
    treme
    Trêmula
    exaustos,
      hormônios,
        nas espumas
        de Porto

O que te diz
a minha carne?

Rente morto
e de frente
noutro
    mar

fecham os olhos
perde o oxigênio
  respira
   ofegante
    Grite
até o espírito
  Exasperar
  E nada
  nos restar
    senão
   beijos
    ...
    ( )

Das coisas que carrego e não levo...

...
Dos sentimentos tardios quando a coragem te pega
                                        [no auge
Dos perdidos na caminhada e da resposta encontrada
                                        [bem na esquina
Dos amores partidos não vividos e ainda sobrevivem
                                        [dentro de ti
Das coisas planejadas, cumpridas e ainda algumas
                                        [pendentes
Dos traços desenhados e ainda inacabados guardados
                                        [para um dia talvez
Dos compromissos descompromissados anotados e
                                        [esquecidos
Das pessoas queridas amadas distanciadas mesmo
                                        [numa simples curtida social
Das flores não plantadas e regadas a lágrimas
Das noites misteriosas silenciadas num toque
                                        [de recolher
Dos afazeres anotados e tudo por vontade mais alheia
                                        [que própria.

Último gole[1]

Na calada da noite
Na pujança da vida, quem sabe...
Um toque, um pouco de calor humano
Para saber ser mais humano
Um gole de poesia
Para matar a sede
Que a tristeza seca
Embriagar de amor
Para saber viver
E poder amar
Inundar o deserto de felicidade
Por que choram as rosas?
Por que o mar se enfurece?
O que te faz calar?
Tome um pouco de pinga
E repita palavras doces
Faça-te rir de ti mesmo
Abrace o vento e o ame
Liberte o pensamento que te consome
E simplesmente viva
Ainda que o vento na direção que toma
Seja frio
As pálpebras
não quebram a imagem que veem
as pessoas a distorcem
a única verdade existente
está na consciência
e nada mais.

---

[1] Poesia que ficou em 2º lugar no Festival da Juventude em Contagem.

Sentinelo

Caminhamos...
Caminhemos...
É preciso que olhemos
Um perante o outro
Em silêncio

Onde escolhemos passos
Explanando a estrada sombria
No horizonte dela há uma luz, ainda... invisível

É preciso que...
Ajustemos a memória
E os ponteiros da vida
Saibamos acertá-lo
No momento certo
Na hora certa
No tempo certo
Saibamos acreditar sempre naquilo que temos
Na palma da mão...
A esperança e a luta!

E no olhar do companheiro ou companheira está
                                                  [a resposta
Que perdemos por aí...
Nesta sina, nesta jornada, a vida...
E a palavra sonho não apenas utopia
mesmo a poesia possa dar a chance de...

...Ressurgir, recomeçar...
O que morre são os desacreditados
uma gestação desconhecida para os solitários
E o cheiro chocolate
Na proeza solidária.

Idigente[2]

Tempero azul na manhã silenciosa
Asfalto molhado prenuncia o passado
A lembrança escureceu
A esperança amanheceu
É preciso ser dia
Para também ser noite
Quando o latido da esquina anuncia
O Natal transladado de momento
O ser é o tempo que corre...
É preciso criar as coisas
Para fazê-las acontecerem
Sendo o gesto licoroso
No olhar do cidadão
O sol secou o suor
Espatifado de cão
Cantei cantiga de rouquidão
Aquietando o gosto do hálito que escreveu
A palavra solidão
E mesmo a cantiga
Não abranda essa reminiscência...
No envelope pardo
A grafite diz quem sou
Na calçada meus pés vão de encontro com a sina
Qual vereda?
Um caminhar a passos lentos
Chutando pedrinhas
que escondem o mistério da imortalidade

---

[2] Poema vencedor do concurso Mostra de Talentos de Contagem.

essa essência perdida no humano
sua identidade desconhecida
não tem epitáfio no sapato da origem e do fim
No capim cinzento
nasceu a saudade
a vida pariu o eterno desconhecido.

Desanuviando alegrias

Das poucas coisas que sei
A alegria não tem
argumentos e teorias

Esquecida numa passagem
de tempo corriqueira
E resgatada na pausa
no respiro
Na contemplação

Das alegrias que conheço
Algumas têm nomes
Outras um sorriso de um pássaro
E a bolha de sabão

E te pergunto onde a esqueceste?
Enquanto o sol batia à porta
E o vento em derradeira saída
Te levava para o longe
E eu tenho a miragem

Sou o latido à espera de um afago
Um olhar à espera de um sorriso
Um meneio à espera do tambor
Um abraço carregado de abraços

Tantos sentidos
Unidos,
Para serem sentidos,
Vividos,
Basta isso.

Alegria despercebida.

Ser professor

Ser professor é...
Não sei,
Porque ainda não o sou
Mas só de estar pertinho
Dá um gostinho
Diferente de ser... de viver...

Professor é palavra certa
De um incerto para o
Aprendiz deserto

Professor não é o certo, o errado,
Um sim um não
Mas o momento simultâneo
Do pensamento
Do seu aluno perdiz

Professor não é apenas
Uma palavra a ser dita
Mas defendida
Mesmo porque:

Professor é o mestre a ensinar
Professor é o calor humano a ser compreendido
Professor é o sabor humano a não ser esquecido
Professor é a flor em botão

Que no seu labor
Desabrocha em voz
A transparência-essência
Do seu ser, nos seus atos, no seu dizer, viver e conviver
Professor é nunca deixar de ser eterno
Porque é palavra humana que emana
Sempre em nossas mentes.

Da voz que ouço quando não enxergo

À Antonia C. A. Pires

"[...]
Não tenho conexões com a realidade.
Poderoso para mim não é aquele que descobre ouro.
Para mim poderoso é aquele que descobre as
Insignificâncias (do mundo e as nossas)
Por essa pequena sentença me elogiaram de imbecil.
Fiquei emocionado e chorei.
Sou fraco para elogios."
Poema, Manoel de Barros

Das vezes que a vida ressurgiu
Um toque ao sol sob a lua
Uma voz que fez enxergar
O que não vês mais
Ao encontro da esperança

Pensamentos que vagueiam
Na surdina de uma ligação
Em que prosas – poéticas se fizeram
Mais fortes que o alvorecer
No encalço mais modernista
Nos fizemos contemporâneas
De uma mesma Estrela.

Intermitências cotidianas

Quando o sol nasce, o galo se põe a cantar,
é a sua natureza... e os homens?

(Des) caminhos

Dos caminhos que faço
Muitos são feitos de sonhos
Rumo à cama de uma noite fria

Dos caminhos que percorro
Alguns são conhecidos pelas suas
Pedrinhas

Dos caminhos que desconheço
Meia-volta a passos largos

Dos caminhos que traço
Rabisco passos
Deixo rastros

Dos caminhos escuros
Há muitos postes

Dos caminhos seguros
Há muitos vigilantes

Dos caminhos trilhados
Cruzei com uma multidão vazia
Enchendo ruas e edifícios

Dos caminhos que vislumbrei
Um olhar perdido no horizonte

Caminho...
No chão que piso
Seco ou molhado
Sigo por onde levam meus pés

Construo ruas, becos e avenidas
Até chegar ao lar
Ao trabalho
à escola
à vida.
Dez caminhos
(Des) caminhos.

A cidade do(eu)

Todos os dias
A mesma sina
Um cruzar de arranha-céus
Atravessando olhares perdidos
Esguelhos,
Escondidos pelas lentes

Flashes abrem passagem
Para os pés apressados
Pombos desviam de transeuntes
Como um bêbado equilibrista

A cidade do meu eu
perdido
Que não encontro em lugar nenhum
Entro e saio sem permissão
No vai e vem
Almas correntes como brisa

O Desflâneur emudecido
Pela sirene
Alvejado por vozes desconhecidas
Sonoras visões citadinas
Em prisões aéreas de tijolos
Corpo fechado

Uma parada
Num café-bar gourmet
Inalando a nicotina asfáltica
Desce em busca do mapa interino

A dor do tempo
Refletida nas imagens esmaecidas de minha memória
O espelho quebradiço das cicatrizes
Cascalhos varridos para o brejo
Na incerteza do próximo passo

Todavia,
Em cada passo uma página
Nos registros cartoriais
Da salinidade humana
Temperança esquivada da imemória
Nos rastros traçados
Da cidade que sou.

Vertigem

Ouve-se o que quer
Aceita-se sem questionar
Expõe pensamentos
E trôpego em maldizeres
Inflama de versos
Rimas sem verbo
O poeta bêbado

No cambaleio
A dança sem sentido
Sem par
Sem música
Aplausos vazios de som
No Maletta

O traço sem nanquim
Esboça o trajeto
Cego
Tonto
Do pombo na Rua da Bahia

C-alma

Andar por aí
Com o espírito de um flâneur
Ao sabor da liberdade ainda que tardia

Desbravar museus vazios,
Livrarias vazias,
Ruas vazias
Concerto de trânsito

Quando vem o ônibus
Aquele desespero
Corre!
E no ziguezague do engarrafamento
Res-pira...

Assenta-se no banco
Da praça com alma
E no ônibus com calma

Passou o bonde
Passou do ponto
Passou por onde?

Sexo social - POEMAX

No dia a dia todo mundo é normal
Até se mostrar em rede social
Aparece gente dizendo que é bom naquilo
Mas no fundo só fica na gozação
Se gabando de fodão
Favelado vai pro baile no barracão
Ver as minas descer até o chão
Numa rapidinha, tá se achando o pegador
Esbarrando até nos para-lamas dentro do show
Enquanto os ricos vão no swing
Pegar o para-choque numa colisão traseira
Todo mundo faz sexo na bebedeira
E no dia seguinte finge de normal
Fazendo um social
Poemax

Infância mendiga

A vida
Correnteza brusca contra a vontade
De eternizar felicidade
Incerteza
Dilacera o sorriso primavera
Esconde oculta menina de rua

Imanência presa
Esperança absoluta
Pisa asfalto
Frio e quente
O semáforo diz não ao pobre coração
Bruteza subconsciente
Emana gestos inconscientes
Mata as consequências com nanquim
Atravessa o espelho e do outro lado
Viagem cotidiana
Passagem obstruída
Cintilante azul
Brilho incandescente no temporal
Palavra que inspira mentira
No olhar da sandália descalça
Desveste o sorriso ferido pela escuridão

No silêncio do dia
A voz do nada
Rezava manhã

A neblina fria contava as estações
Reza interrompida pelo piar do filhote
Irrompe nova vida
Para amanhecer novo dia
Dar sentido ao que nada dito foi capaz de fazer
Sensações estranhas
No rosto explanações de estupefação
Custa acreditar que ainda é dia, ainda é vida
Invisível beleza manchada
Entra pelo ar respirado
Faz disparar o coração
Faz frio na barriga
Por tamanha incredulidade
Sórdida estupidez
Desmancha saudade
Arrependimento e ignorância.

O Homem e o corvo

Devagar...
Devagar...
Pensamentos rolam por asfaltos vazios
Divagam por entre letreiros luminosos
Luz
Divina luz que me conduz
A alma poética
Mordida por escrotos
Banidos marginalmente
Posta à parede
À prova da sua essência e veracidade

Cumpre dignificá-la
Quando posta nua
Em chamas
Ou embalsamada nos arquivos metálicos
Do subterrâneo cerebral
Dos homens
Da humanidade

Crucifica a convivência literária
A real-idade é cega
Àquele que nada viu
Posta nua
A sua inocência
Por querer unamente
Alimentar-se

De sanidade e liberdade
Libertar-se de Dantes globalizados
Sem acompanhar as artimanhas de Lúcifer...

A incredulidade aumenta
Quando as percepções
Que até então seriam incompreensíveis
São de fato existentes
Dilapando a realidade
Tornando-a crua e fria
desta sociedade...

Intermitências metapoéticas

A poesia me fez um poema.

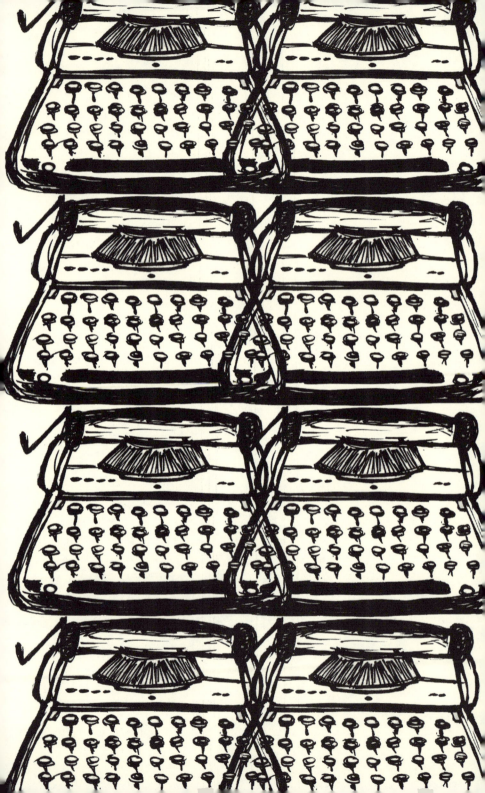

Alguém me disse...

Alguém me disse...
que o poeta é o Poeta

Alguém me disse...
que a Poetisa é um contrato formal
        de união com o Poeta

Alguém me disse...
que não foi dessa junção
versártil ou carnal
que nasceu a poesia

Alguém me disse...
que a poesia não tem pais
        não tem irmãos
        não tem filhos
        nem parentela que a identifique

Alguém me disse...
que a poesia é pródiga
vive dos aures da vida
anda por aí
senta no banco do vento
e vê o tempo passar
nunca envelhece

Alguém me disse...
que ela não tem identidade,
cor e sexo

Alguém me disse...
que ela mora no acaso
trabalha no coração
sua alma está espalhada nos arredores

Alguém me disse...
que sua voz
é silêncio que grita no interior
e desabrocha como flor

Alguém me disse...
que viu a poesia por aí
perdida
andarilha
e fazendo morada nas asas da andorinha

Alguém me disse...
que a poesia espirrou sem querer
e jorrou uma epidemia,
mas poucos permanecem afetados
doentes

Alguém me disse...
que a poesia não foi erradicada,
está solta por aí e
disfarçada

Alguém me disse...
que a poesia se travestiu em metáforas

Alguém me disse...
que ela trocou de roupa
e performatiza

Alguém me disse...
que a poesia
sou eu.

Poema de sete cabeças

Toma tempo
Dá outro cá
Faz um agouro
Num quebra-cabeça
Mexe as peças do jogo
Rimou o poema

Perdido no avesso
Deita no meu travesseiro
Vibrações sentimentais
No dia a dia
Constroem meus versos

A sete léguas
No teu presente
Te encontro
Há sete vidas
Contemplando a minha.

Poema sem pele

A pele...
A parte que protege...
...A alma
Dos medos
Das incertezas
Das angústias
Da insegurança
Que reverberam no interior
Nas subcamadas epiteliais
Em versos
De almas desertas

Descalça e nua
Os pés sangram os reflexos
Sobre terrenos vidráceos
Colhidos no pomar
Desaguado de estilhaços

Cacos que reconstituem
a cena cubista do ser
Dilacerado pelas bombas
Pregadas em tela LCD
na sala de estar

Em seu lugar deveria estar
A imagem alegre
Da família reunida

De olhos fechados
Viam-se as marcas
Desenhadas pelas cicatrizes
Em forma de sonhos
Lembranças
Memória

A tatuagem
Pintura do tempo
De uma passagem
Um momento
Um instante
A recordar
Como apagar?

Inscrições
flamejam
Percursos
Que descortinam
O mais profundo onde
Nem as veias alcançam

Bisturi
Que perfura
A epiderme da alma
Anestesia a realidade
Adormece em lânguida fluidez dos poros

A pele...
Rija
Enrugada
Intumescida
pelas dilacerações cotidianas
tecidas as considerações
das invasões puerpérias
anatômicas do ser
qual corpo suturar?

Chora Poeta

Um dia caminhando, ao longe, avistava a tristeza, o poeta
        [surdo, ele parou, olhou e este poema recitou:

Chora Poeta
A saudade é uma eternidade
não volta ao tempo e não tem fim,
Chora
suas lágrimas aliviam o peso interior
Chora
a tua tristeza é alma em transe com a morte

Chora Poeta
que o tempo é o teu consolo
Chora
porque o mar azul é lindo e ainda existe
A beleza da vida ainda existe

Chora Poeta
o deserto já não é mais deserto
o teu olhar o inundou

Chora Poeta
Até o menino de rua teve tanta dó e
compaixão do Poetinha e
sentiu que já não era mais pobre e miserável
que tu

Chora Poeta
Sentado na calçada
contempla o céu a imagem do teu Amor e
no asfalto uma rosa quebra a saudade e
irrompe como o Beija-Flor na lembrança

Chora Poeta
porque a rua, a lua, o tempo, o sol e a chuva lhe fazem
[companhia

O poeta não escuta o som das ondas, não ouve o
[gemido da sua dor, mas sente...
Dentro de si...
Uma voz,
Uma música toca
constantemente e grita
porque não pode com sua voz gritar
Chora em silêncio, Chora o Poeta.

Fotografia

Lembranças?
Imagem impressa revelada?
Desmemória.

Sociedade dos Poetas Mortos

Poetas do mundo inteiro, declamai-vos!
Poetas do mundo inteiro, poetai-vos!
Poetas do mundo inteiro, uni-vos!

Poetas mortos, imortais
uma nova sociedade de uma realidade
de momentos ainda não reais
onde a cada verso,
um convite,
um grito,
um sonho...

Uma controvérsia
de ourives da poesia
onde clamam,
chamam
e amam
a inércia da nostalgia
escrita em prosa-verso
de suas almas

Fazem de combatentes literários,
mas carcerários
de um sentimento inerente
das próprias forças interiores

Proclamam a vida
como elo de esperança
a cada sonho
um sorriso de criança

Para escrever majestosas palavras
do sentimento humano
expresso silenciosamente
por um olhar compresso às lágrimas
de momentos mundanos

Poetas, hoje e sempre!
Na força daquilo que os move e motiva a ir à luta,
a vida,
o sonho
e a esperança

Somos uma sociedade que quer e requer,
a verdade não dita apenas em utopia,
mas também em poesia.

O livro nosso de cada dia

O livro nosso de cada dia
Santificado seja o teu título
Buscai as melhores palavras
Seja feita a vontade do leitor
Assim na poiesis e na litteris

O livro nosso de cada dia
Sustentai histórias e a imaginação
De hoje e de sempre
Ofertado a quem amamos e odiamos
E desprezado pelo abandono
Levai-o para as imensas bibliotecas mentais
E muito além.

Amor definido

Verbo lançado em terra
Conjugado todos os dias
Nascem versos
Na cama florida
Sob lençóis brancos
Criam raízes, poesia.

Verboesia[3]

Pensamentos de poeta:
O Deus do poeta é a poesia
Forjado de ferro e fogo
Protegido de imponente armadura
O poeta é a imagem e semelhança da poesia
O poeta é a poesia
A poesia é a sabedoria lírica

Viver é verbo de vida
Crer é verbo de esperança
A vida não é um mar de rosas
Um rio que corta
Caminhos novos
Cheios de coisas surpreendentes

Bem ou mal
Ela constrói versos
Diversificados
Dentre eles o ser humano
Fragmentos de poesia
Feito que nem pensamentos de poeta
Verdadeiro verboesia

Incansável espírito de luta
E compreensão
Sentimento e razão
A alma que não chora, não descansa

---
[3] Poesia que ficou em 1º lugar no Concurso Internacional de Poesia, na cidade de Campinas-SP.

Se assola de inquietações
Palpita forte o coração
Se choca com a realidade
Transpõe em atos
Tem coisas que a gente não faz, pensa
Tem coisas que a gente dispensa e desfaz
Tem coisas que a gente faz e não compensa

Pior que a saudade
É a dura e sofrida eternidade
Transmutada
A poesia declara que:
A esperança não é a última que morre
É a única que permanece

Assim, costurando ideias
Unindo fragmentos de pensamentos
Esparsos no ar, na cidade, nas pessoas, nas coisas
E objetos
Catando pedaços subjetivos
Perdidos na forma humana
Essa busca pela vida
Pela poesia humana em mim

O rumo da vida pode ser...
Uma esquina
Uma travessia
O importante é entender
Os fragmentos vividos
Na mente do poeta

Pela vida afora
Unindo fragmentos
Pedaços de mim
Misteriosos e sutis sentimentos
Estranha e incrível maneira
De descobrir quem sou
Por um instante de inspiração.

Intermitências da morte

A morte é uma linguagem que fala por si.

A morte sem corpo

Quando vier
Venha em silêncio
Para que eu escute o som dos ossos

A tormenta sanguínea
Percorrer pela alma
Desenterrar o que não foi dito

Em vida
Diga-se de passagem
O tempo
Estadia permanente cravejada na memória

Partiu donde fez morada
No rumor de um mudo
Maquiagem de formol selada
em espírito

Cravejada voz presa no olhar
A dúvida em transe
A despedida em coma
O desespero fechado
N'alguma gaveta

Ah, quem sou eu naquela vala?

Poestasia

A fome que te fulmina
Nos rumores balbuciados
O exagero aniquilado
Que te aquietes num gole azul

Em vias de se padecer
O que interessa está ao alcance das mãos
O resto é lixo
Não carece ludibriar
No entardecer

Do canto sobra o envenenado
Algures por ir
Veredas enlameadas
Cambaleado de amor
Na valsa falsa melancolia

Te perco sem sentido
Como uma luva sobre a pele
Visões trôpegas de um cego tonto
Onde está você, noite fria?

Silente

> Para Herberto Helder e José Saramago (*in memorian*)

No silêncio
Das imagens
Palavras que vagueiam
Pelos versos calados

Enquanto procuro
O som das rimas
N'algum paço
Descompasso
De uma sentinela.

Geoprotestamento

Sabe aquela "flor no asfalto"?
Pois é, ela enferrujou
Nada resiste ao pó do progresso da urbanidade

O chão que piso
Coberto de serragem e metal
Percorro entre alamedas e becos
No labirinto do pixel
A processar saídas furtivas

Só há um trânsito livre
Ao mover-se ao céu
Elevadas trilhas
Atravessadas por torres
Num cruzamento solar

Algures e só
Perdido ciborgue inumano
Tateando a procura de uma mina
D'água
Dissolve o seu pré-sal
Nas salinas desgovernadas
Território anil
Escorre óleo e sangue

O chão que piso
Está enlameado
Enferrujado
E escorregadio
Espaço movediço

Escrevo sobre trilhos
Em busca de algum sentido
Em que situo
Na deslocalização da rosa dos ventos
Demarcada pelo plano-alto.

Cenário suburbano

Chumbos perdidos por onde...
Não se sabe de que direção
vem o barulho de explosão
seguidas vezes, flechas pontilhadas e
luminosas
em todas as direções...
um grito, dois gritos,
sirene... e alarmes...
Na escuridão via-se apenas
o fogo pairando no ar
medo, medo e medo...

A luz, eterna luz
que a violência apagou
e a vida comeu
entristeceu o amanhecer...mortuário amanhecer
No dia seguinte...
Silêncio... pelas almas violentadas
à queima-roupa ou em chamas,
o mundo suburbano,
cenário do teatro real
que o dramaturgo humano socializou.

A dança e o verso

Aprender a ser
É mais difícil que crer
Tudo é sagrado.
Às vezes os Homens brincam de DEUS
E quando o SER resolve brincar de humano,
Se Transfigura
em UNO, O HUMANO-DEUS
Sendo a luz imaginária, ilusão
Capaz de tudo
E nem tudo é capaz
O ser humano adormece...

No distante,
Uma luz
Uma chama
Uma chuva
Brilha
Queima
Ou ilumina

Transforma e é transformado
Seja imagem ou semelhança
Tudo é todo
O mistério cristal
Escorre no rosto estampado de incredulidade
E razão
Balbucia Amor, fanatismo, dor

Dinheiro e esperança
Viver é sinônimo de ser
Essência incrustada nas pupilas
Todos e todas
Foram um dia chamados
Para o Dom,
Para a vida,
Para a morte

Meu chiclete pregado na cara do santo
É cheio de indagações mastigadas
Na busca da resposta...
Um dia, sem querer
Caiu a lente e cegamente
O sonho foge ao poder das mãos
E de quem é a culpa?
Do medo!
Prisioneiro do medo
A insegurança
Atacou e fez chorar.

A autora - metabiografia

Popularmente conhecida como Poet'Isa, Isa de Oliveira enveredou pela poesia aos 11 anos de idade. É poetisa, escritora, artista, revisora, resenhista, agente de revisão e pesquisadora. Fez cursos de música, filosofia, desenho, pintura, contação de histórias, línguas estrangeiras, edição de quadrinhos, além dos cursos da universidade livre da Academia Mineira de Letras, e tudo mais que se pode imaginar, mas fincou sua raiz na literatura. Já participou de diversos concursos literários, obtendo prêmios e menções honrosas, de saraus poéticos e espetáculos de poesia e música, dentre eles pelo grupo Pasárgada Movimento de Arte e Vida. Foi conselheira de Cultura e Patrimônio Cultural em Contagem e Congonhas. É doutoranda em Estudos de Linguagens – Letras pelo CEFET-MG (Histórias em Quadrinhos e Edição) e mestra em Estudos de Linguagens – Letras pelo CEFET-MG (Poesia digital, Ciberpoesia). É pós-graduada em Gestão Cultural: Cultura, Mercado e Desenvolvimento pelo Senac MG; especialista em Comunicação: Imagem e Culturas Midiáticas pela UFMG; especialista em Linguística – Língua Portuguesa pela UGF e especialista em Políticas Públicas e Gestão Governamental – EPPGG. É graduada em Administração Pública pela EG-FJP.
É produtora de conteúdos como resenhista, crítica e divulgadora em diversos canais virtuais. Também é editora do bookstragram Coruja das Letras.

Instagram: isa_poetisa_coruja_das_letras
Facebook: @corujadasletras
Youtube: coruja das letras_isa oliveira poet'isa
e-mail de contato: corujadasletras@gmail.com